TERRY FOX

COURIR AU CŒUR DU CANADA

SHELDON POSEN   ERIN GURSKI

« [...] je peux maintenant regarder
en arrière et penser à toutes les
bonnes choses qui sont arrivées et
à toutes les bonnes personnes que
j'ai rencontrées [...] »

**MUSÉE CANADIEN DE L'HISTOIRE
CANADIAN MUSEUM OF HISTORY**

Catalogage avant publication de
Bibliothèque et Archives Canada

Posen, Sheldon
Terry Fox : courir au cœur du Canada /
Sheldon Posen, Erin Gurski.

(La collection Catalogue-souvenir, 2291-6385)
Publié aussi en anglais sous le titre :
Terry Fox, running to the heart of Canada.
ISBN 978-0-660-97512-2
N° de cat.: NM23-5/12-2015F

1. Fox, Terry, 1958-1981.
2. Musée canadien de l'histoire – Expositions.
3. Coureurs – Canada – Biographies.
4. Cancéreux – Canada – Biographies.
I. Gurski, Erin.
II. Musée canadien de l'histoire.
III. Titre.
IV. Titre: Courir au cœur du Canada.
V. Collection: Collection catalogue-souvenir.

RC265.6 F68 P6714 2015
362.196'994410092
C2015-980001-3

Publié par le
Musée canadien de l'histoire
100, rue Laurier
Gatineau (Québec) K1A 0M8
museedelhistoire.ca

Imprimé et relié au Canada

Le présent ouvrage est publié dans le cadre
de **Terry Fox – Courir au cœur du Canada**,
une exposition organisée par le Musée canadien de
l'histoire, en collaboration avec le Centre Terry Fox.

Couverture :
© Gail Harvey

La collection Catalogue-souvenir, 12
ISSN 2291-6377

TABLE DES MATIÈRES

AVANT-PROPOS

Dans les pages qui suivent, vous aurez l'occasion de revivre un moment passionnant, mais aigre-doux, de l'histoire du Canada. Il s'agit de l'histoire d'un jeune homme animé d'un grand rêve, armé d'une volonté de fer et dévoué à une noble cause, qui a gagné le cœur des Canadiens et laissé un souvenir impérissable dans notre mémoire collective.

Ce catalogue-souvenir – et l'exposition dont il est le reflet – retrace la vie de Terry et de son cheminement lors du Marathon de l'espoir. On y décrit le lien unique et indéfectible qu'il a noué avec la population canadienne.

Le 12 avril 1980, ce jeune homme sérieux de 21 ans a trempé sa jambe artificielle dans l'eau de l'océan Atlantique avant d'entreprendre sa course vers le Pacifique. Son projet est passé relativement inaperçu à l'époque. Le double objectif qu'il poursuivait – courir un marathon par jour et recueillir un dollar auprès de chaque Canadien et Canadienne pour financer la recherche sur le cancer et les activités de sensibilisation à cette maladie – paraissait à tout le moins ambitieux. Moins de cinq mois plus tard, cependant, tout le monde connaissait le nom de Terry Fox. Il avait amassé plus de 23 millions de dollars. Sa ténacité, sa modestie, son engagement envers une grande cause et son triomphe quotidien sur l'adversité lui valaient l'adoration et l'admiration de tout le pays. Terry Fox avait touché l'une de nos cordes sensibles. Une corde qui vibre encore.

Alors que la population canadienne souligne le 35e anniversaire du Marathon de l'espoir, le Musée canadien de l'histoire, en partenariat avec le Centre Terry Fox, est heureux de présenter le récit unique et intime de l'odyssée de Terry et de son héritage. Trois organisations, de concert avec la famille Fox, s'efforcent de garder son souvenir vivant, afin d'inciter d'autres personnes à poursuivre son œuvre et à contribuer à la concrétisation de son rêve, celui de trouver un remède au cancer. Dans le même esprit, le Musée s'emploie à approfondir la compréhension qu'a le public des événements, des expériences et des personnes qui ont façonné l'histoire et l'identité de notre pays et qui en sont les témoins. Parmi ces personnes, Terry Fox, coureur du Marathon de l'espoir, mérite une place de choix.

Mark O'Neill
Président-directeur général
Musée canadien de l'histoire

« Pendant tout
le parcours,
je n'ai jamais
abandonné
le combat. »

INTRODUCTION

Son histoire fait désormais partie de l'histoire du Canada.

En mars 1977, Terry Fox, 18 ans, de Port Coquitlam en Colombie-Britannique, a été amputé de la jambe droite en raison d'un cancer. Il a subi des mois de chimiothérapie dans une unité pédiatrique d'oncologie où il a vu de jeunes patients souffrir et mourir. Il a survécu et, hanté par cette expérience, il a résolu de faire quelque chose pour combattre la maladie. « À un moment donné, il faut en finir avec la douleur », a-t-il écrit plus tard.

Sportif enthousiaste depuis toujours, Terry s'est mis en tête de traverser le Canada en courant pour recueillir des fonds destinés à la recherche sur le cancer. Il s'est entraîné à courir avec sa jambe artificielle et il a passé plus d'une année à accroître sa force et sa résistance.

« Je me suis entraîné autant que j'ai pensé pouvoir le faire pour une telle course. Le jour de Noël a été mon premier jour de congé en 101 jours. J'ai couru en ayant la grippe, des périostites, des contusions osseuses. Tout ce que vous pouvez imaginer, je l'ai eu. J'ai couru malgré tout parce que je savais que je devais renforcer ma confiance en moi avant mon voyage [...]. Parce que je savais que quand j'allais traverser le Canada, j'allais affronter les mêmes difficultés. »

Terry a sollicité la Société canadienne du cancer et obtenu son soutien. Ron Calhoun, de la Société, a donné au projet le nom de Marathon de l'espoir. La société Ford du Canada a fourni une fourgonnette. Et Terry a convaincu son meilleur ami, Doug Alward, de conduire celle-ci et d'être son compagnon de route.

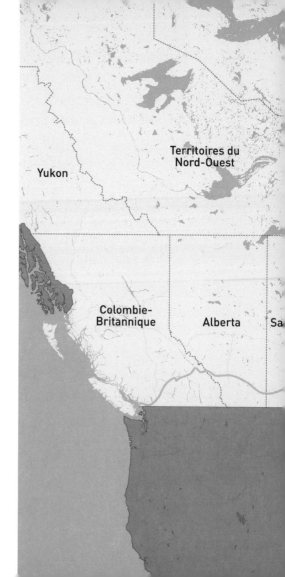

Le trajet prévu
du Marathon de l'espoir

Nunavut

van Manitoba

Ontario Québec Terre-Neuve

Nouveau-Brunswick
Île-du-Prince-Édouard

États-Unis

Nouvelle-Écosse

13

« Je savais que je pouvais compter sur Doug. Je savais qu'il ferait n'importe quoi pour m'aider. »

Le 12 avril 1980, Terry et Doug entament le Marathon à St. John's, Terre-Neuve. Terry prévoit courir en empruntant la Transcanadienne jusqu'à Vancouver, en Colombie-Britannique, pour recueillir des fonds pour la Société canadienne du cancer. L'objectif : 100 000 dollars.

La somme recueillie s'élèvera à 23,4 millions de dollars.

L'immense succès du Marathon de l'espoir est dû à l'accueil extraordinaire qu'ont réservé les Canadiens à un jeune homme extraordinaire.

Au fil des 143 jours de la course, les Canadiens en sont venus à voir Terry Fox comme l'incarnation des vertus les plus importantes à leurs yeux – le courage, l'intégrité, la ténacité, l'altruisme. À l'époque, le Québec s'apprêtait à décider s'il restait dans le Canada et notre pays comptait parmi les nations qui boycottaient les Jeux olympiques d'été de 1980. Terry était donc considéré comme un moteur d'unité nationale et sa course comme les « vrais » Olympiques.

Les Canadiens se sont pris de sympathie pour lui. Terry était doté d'une capacité d'autodérision, d'un magnétisme charmant et d'une allure noble et jeune qui ont conquis le cœur des gens. Dans les milliers de cartes et de lettres qu'ils lui ont adressées, plusieurs écrivaient comme si Terry était leur fils, leur frère ou leur meilleur ami; certains mentionnaient qu'ils avaient le sentiment qu'il courait pour eux. Dans les conversations tenues partout au Canada, il était simplement et affectueusement appelé « Terry ».

Le 1er septembre 1980, à peine à mi-parcours, Terry est à nouveau touché par le cancer et il est contraint de mettre un terme à sa course.

Réagissant d'une manière qui semble désormais les distinguer, les Canadiens accordent une plus grande importance à l'effort que Terry a déployé plutôt qu'à son « succès ».

À vrai dire, ce sont eux qui font du Marathon un succès. Comme si c'était la chose la plus naturelle au monde, les Canadiens reprennent la cause de Terry comme on relaye le flambeau olympique. Des milliers d'individus courent des marathons et organisent des collectes de fonds. Quand Terry meurt le 28 juin 1981, les coffres du Marathon de l'espoir débordent.

Chaque année, en septembre, diverses initiatives locales donnent lieu à des « courses pour Terry » un peu partout au Canada. Au fil des ans, la course Terry Fox – désormais organisée à l'échelle nationale et internationale par la Fondation Terry Fox – a recueilli quelque 650 millions de dollars au nom de Terry pour la recherche sur le cancer.

L'histoire de Terry Fox fait
partie de la vie des Canadiens,
de leur mémoire collective,
de leur manière d'expliquer
aux jeunes ce qu'est un héros.

Albums-souvenirs

Déjà pendant la course,
les Canadiens se sont approprié
l'histoire de Terry Fox. Ils ont
réalisé des albums-souvenirs
du Marathon de l'espoir,
y rassemblant des coupures
de journaux à propos de ses
courses quotidiennes comme
pour en conserver l'esprit
et l'atmosphère. Grâce à ces
albums, ses sympathisants
tissaient un lien intime avec
Terry et son parcours. En fin
de compte, tristement, leurs
albums sont devenus des recueils
commémoratifs personnels de
son bouleversant succès.

Quand Terry est décédé, de
nombreux Canadiens ont fait
parvenir leurs albums-souvenirs
à ses parents, Betty et Rolly Fox.
C'était leur manière de dire, et
certains l'ont dit explicitement,
« Voici un souvenir de votre fils
que nous avons suivi chaque jour
avec respect, gratitude et fierté.
Nous vous l'envoyons avec notre
admiration et notre amour ».

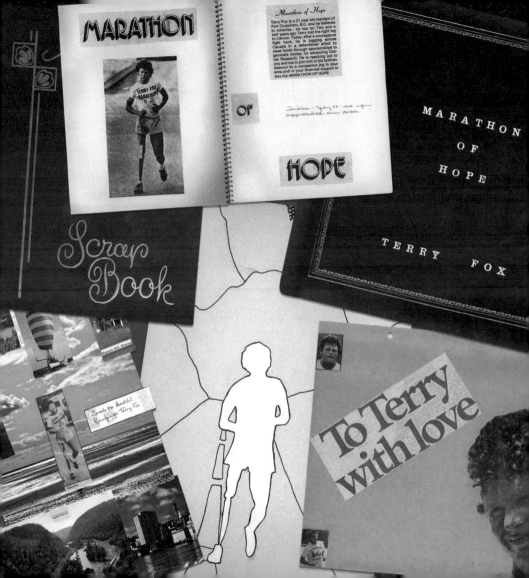

MARATHON

OF

HOPE

Scrap Book

Marathon of Hope

Terry Fox is a 21 year old resident of Port Coquitlam, B.C. and he believes in miracles – he has to! Two and a half years ago Terry lost his right leg to Cancer. Today, after a courageous fight back, he is jogging across Canada in a determined effort to raise funds through sponsorships to generate money for advancing Cancer Research. He is reaching out to you and me to join him in his bold endeavour by a companion jog in your area and/or your financial support in this his–MARATHON OF HOPE.

India – July 23 – we approached our area.

MARATHON

OF

HOPE

TERRY FOX

Canada the Beautiful
Running with Terry Fox

Terry Fox

To Terry
with love

C'est dans ce même esprit que nous présentons cet ouvrage.

Il contient des images de ces albums-souvenirs ainsi que des clichés pris par certains des photographes qui ont immortalisé le Marathon de l'espoir.

Les paroles mêmes de Terry Fox y sont citées, empruntées du journal qu'il rédigeait quotidiennement, des discours qu'il a prononcés tout au long du trajet et des interviews qu'il a accordées à des journalistes tels que Leslie Scrivener.

Ce catalogue consacré à Terry Fox transportera le lecteur en 1980 pour lui faire revivre les 143 jours pendant lesquels un jeune athlète héroïque ayant couru pour une noble cause a été suivi, admiré, adulé, pleuré et célébré par les Canadiens dont il avait gagné le cœur.

Sheldon Posen   Erin Gurski

Gatineau (Québec)
Le 1er avril 2015

TERRE-NEUVE

Du 12 avril au 6 mai
25 jours
576 milles

Distance totale
parcourue : 576 milles

Corner Brook 19

25 Port aux Basques

Le Marathon de l'espoir
Parcours de Terre-Neuve

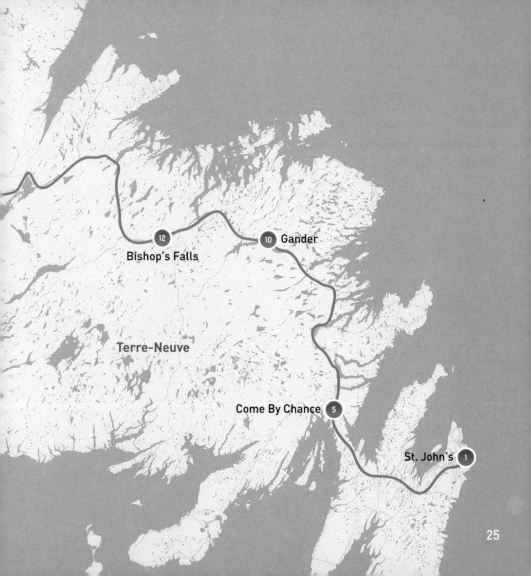

Bishop's Falls

Gander

Terre-Neuve

Come By Chance

St. John's

25

« C'est aujourd'hui le jour où tout commence. »

« Je suis allé à Logy Bay pour recueillir un peu d'eau de l'océan Atlantique.

« On s'est rendus sur la rue Trober, d'où on allait partir vers 14 h 30. Plusieurs journalistes étaient venus nous saluer. J'ai touché l'océan avant de commencer. »

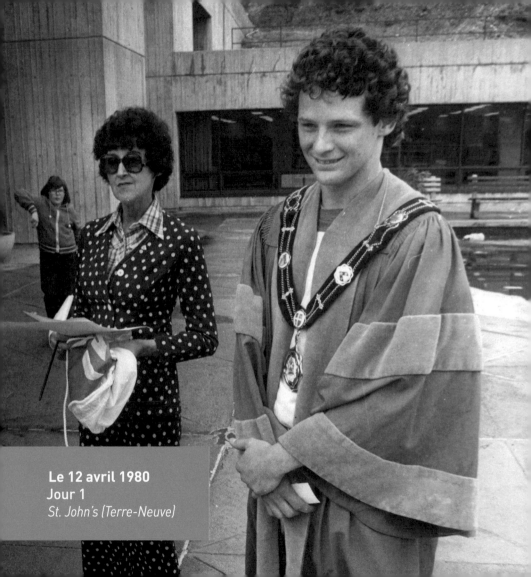

Le 12 avril 1980
Jour 1
St. John's (Terre-Neuve)

« Je suis parti de St. John's parce que je viens de la Colombie-Britannique et je voulais terminer chez moi. »

He runs a campaign of courage

By Leslie Scrivener
Toronto Star

Nothing, not gale force winds, not pouring rain nor spring snowstorm, not even the lack of a leg is going to stop Terry Fox from running across Canada.

"I come from a competitive, stubborn family," says the 21-year-old university student from Port Coquitlam, B.C., who lost his right leg to cancer three years ago. "I have to prove to myself that even though my leg was amputated, I am not disabled. I am not going to let myself down."

His journey, to raise pledges for the Canadian Cancer Society, has only just begun. Terry spoke to The Star yesterday from the home of the mayor of Come-By-Chance, Nfld., 93 miles north-west of St. John's where he started his run last Saturday afternoon.

A Simon Fraser University student and former basketball and soccer player, Terry hopes to dip his artificial leg into the Pacific Ocean as he dipped it in the Atlantic last week. If he keeps a pace of 20 to 30 miles a day he should be on the cedar-lined shores of Stanley Park next October.

Terry says he feels "pretty good" even though his first four days of running on the Trans-Canada Highway were slow, marked by heavy rain, a snowstorm, 40-mile-an-hour winds — "they held me to a standstill, I couldn't move" — and very steep hills.

Glimpses of sea

"But I've heard the hilly country is pretty well over," Terry says in a voice bubbling with confidence. He says the route has been at times barren, at other times heavily treed; occasionally he has had glimpses of the sea. "Tell my Mom we're having some Vancouver weather here," he says.

He also has had to sleep in a bone-cold camper, supplied by the Ford Motor Co., because the propane tanks can't be filled until Clarenville, a town 26 miles away.

The setback he expected, a break-down in his artificial leg, hasn't happened. He's carrying two spares with him and hopes they will see him through the 3½-week crossing of Newfoundland. The War Amputations of Canada organization is supplying and servicing the legs in centres where they have offices.

His only physical complaint so far is a tightening in the thigh muscles.

But Terry is being cheered by motorists, who honk, wave and wish him well, and is warmly welcomed in the tiny Newfoundland whistle stops along the route.

Running with Terry

□ Terry Fox is a living lesson in courage and determination. Last Saturday, the 21-year-old cancer victim with one leg set out to run 5,000 miles from the Atlantic to the Pacific oceans to prove that cancer can be beaten. The Toronto Star will be running with Terry all the way. Terry will be checking in weekly with The Star. You'll read his progress every Friday in the Family Section, starting next week.

Betty Gilbert, wife of Come-By-Chance's mayor George, stood on the road yesterday and waved Terry down, offering him a hot shower, home-cooked meal and a good bed for the night. She said the town's young people were baking him a cake, buying a gift and planning a surprise party for the brave young runner.

Terry is accompanied by his childhood friend, Doug Alward, also 21 and a student at Simon Fraser University, who drives the van, prepares meals and has fresh clothing laid out. Terry says he wears four shirts, sweat pants, a rain top, toque and gloves in the cold weather. "That's really draining, but I should be really trucking on pretty soon."

Terry's determination dates to 1977 when he was an 18-year-old student in first year kinesiology who learned the pain in his leg was bone cancer. Within a week, his muscular leg was gone from six inches above the knee.

Diagnosed as cancer

The suffering and cancer deaths he saw during follow-up treatment made him all the more determined to help fight the deadly disease that claims one out of every six Canadian lives. In the time it will take to complete his run, it's estimated nearly 40,000 Canadians will be diagnosed as cancer cases.

"I've seen a lot of disability, people who were really shut in and away from life and who couldn't do anything. I want to show that just because they're disabled, it's not the end, in fact it's more of a challenge," he says.

"In my year and a half of chemotherapy, I lost my hair temporarily, and was very sick, yet I was healthier than anyone I met."

His father, Rolly, a Canadian National Railways switchman and the father of three other children aged 15 to 22, says his son was inspired during his convalescence by a magazine story brought to him by a basketball coach about a one-legged man who ran the New York marathon.

"I decided if he did it, I'm going to do it too," says Terry.

He started training 14 months ago, walking a quarter-mile a day, enduring great pain and blisters, sores and the loss of toenails on his good leg because of the pressure on it.

But he ignored the discomfort, his father says proudly, because at the back of his mind was the single thought of the strong-willed New York runner.

In 1974, Mark Kent, a 17-year-old North York high school student was the first person to run across Canada from coast to coast. Terry will be the first person to run across the country with only one leg.

Last year, Terry ran for 101 consecutive days, training for this cross-Canada endurance test, and stopped only for Christmas Day, his father says.

"It convinced him he was in very good shape mentally and physically to complete the run," Rolly Fox told The Star from his Port Coquitlam home.

His mother Betty, who manages a card shop, says she worked with her son, laying the groundwork for the journey. He wrote to businesses asking for sponsorship and received support from such companies as Esso, which supplied gas money, Adidas for running equipment, Safeway and the Four Season hotels, among others.

His parents say they believe he can cross Canada if his health endures. His mother, showing a lively maternal concern, says, "I just hope he doesn't push himself too hard. But because of the type of person he is, I think he'll make it."

She says Terry was deeply affected by his experiences in chemotherapy. "He wants to help cancer research. He's seen a lot of young people not make it and that impression stayed with him — of all the suffering he's seen in others."

She proudly adds that throughout the rehabilitation, Terry kept up his school work, receiving all As and Bs and somehow managed to get on the golf course within a month of his operation.

Says his father, simply, reflecting the confidence that seems to be a family trait: "He was brought up to finish what he starts."

From sea to sea: Terry Fox has come 93 miles; he still has about 4,900 to go in his journey from Atlantic to Pacific Ocean. But the 21-year-old who lost his leg to cancer three years ago is determined to prove he is not disabled.

VANCOUVER PROVINCE

« J'ai téléphoné au Toronto Star et j'ai appris que Leslie Scrivener et le Star m'appuyaient. Je me sens pas mal étourdi en ce moment. »

« Quand je suis revenu à mon hôtel, Leslie Scrivener m'a téléphoné et elle m'a dit que l'hôtel Four Seasons m'avait commandité en payant 2 dollars le mille et qu'il allait mettre au défi 1 000 autres entreprises de faire la même chose. Une nouvelle incroyable et un coup de pouce fabuleux. »

Let's make Terry's run really count.

Here's how you can help make it a ten million dollar run... for only $2.00 per mile.

1,000 companies each pledging $2.00 per mile for Terry's cross Canada run will raise ten million dollars to help defeat cancer. We're starting this campaign with our pledge of $2.00 per mile. Terry hopes to run a total of about 5,000 miles.

Terry Fox is a 21 year old university student from Port Coquitlam, B.C., who lost his right leg to cancer three years ago. Having started in St. John's, Newfoundland, he plans to run across

Canada this summer to Vancouver to prove that cancer can be beaten. Let's help prove he's right.

You can make your pledge at any branch of the Canadian Cancer Society or by phoning Four Seasons Hotels toll free from anywhere in Canada,
800-268-6282.

We also have pledge boxes in the lobbies of our hotels across Canada for individuals who may also wish to contribute. Every penny counts.

A pledge of one cent a mile would contribute $50.00.

Please help us make Terry's run really count in the battle against cancer.

Four Seasons Hotels

Montreal • Toronto • Ottawa • Belleville • Calgary • Edmonton • Vancouver • Israel • United States
Inn on the Park   Toronto • London, England

Le 21 avril 1980
Jour 10
Gander (Terre-Neuve)

31

Le 23 avril 1980
Jour 12
*Bishop's Falls
(Terre-Neuve)*

« On a couru jusqu'à l'endroit où plein d'élèves et de gens nous attendaient. L'accueil a été fantastique et ils m'ont fait une ovation. »

« On est allés à l'hôtel de ville où j'ai rencontré le maire et où j'ai parlé avec des tas de gens.

« Au cours de la journée, on a récolté plus de 2 000 $ et aussi toutes sortes de choses.

« Ça a été une journée fantastique et très encourageante. »

Le 23 avril 1980
Jour 12
Grand Falls (Terre-Neuve)

« Ça a été 4 milles de grimpette jusqu'à Corner Brook. Un moment très difficile et épuisant, mais j'y suis parvenu.

« On a récolté plus de 7 000 $ ici, c'est certain. »

Le 6 mai 1980
Jour 25
Port aux Basques (Terre-Neuve)

« On a récolté 10 000 $ à Port aux Basques, ce qui est fabuleux. »

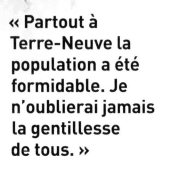

« Partout à Terre-Neuve la population a été formidable. Je n'oublierai jamais la gentillesse de tous. »

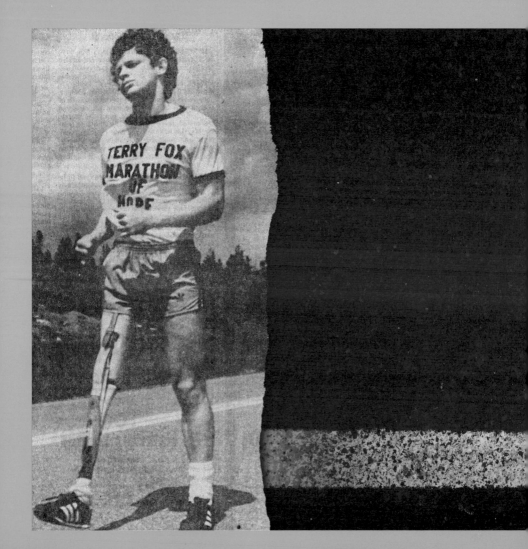

NOUVELLE-ÉCOSSE

Du 7 au 22 mai
16 jours
396 milles

Distance totale
parcourue : 972 milles

Le Marathon de l'espoir
Parcours de la Nouvelle-Écosse

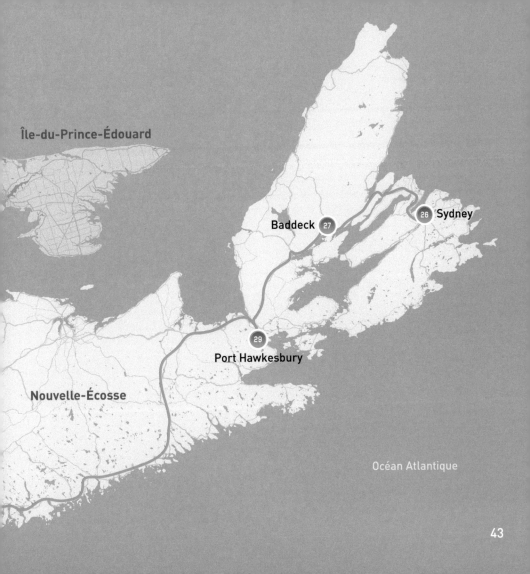

Île-du-Prince-Édouard

Baddeck 27

26 Sydney

29
Port Hawkesbury

Nouvelle-Écosse

Océan Atlantique

43

« George Thorn a énormément travaillé pour organiser la journée. Avec un groupe d'élèves, j'ai couru jusqu'à l'hôtel de ville et j'ai rencontré le maire. »

Le 7 mai 1980
Jour 26
Sydney (Nouvelle-Écosse)

« On s'est arrêtés à environ
5 milles de Baddeck. Les gens
étaient gentils. Ils klaxonnaient
et saluaient de la main.
Ça fait du bien. »

« Doug a été pénible, on s'est
disputés toute la matinée. »

« On a rencontré un M. et une Mme Fox et on a passé un moment très agréable. »

« Ils m'ont laissé un poème sur un grand bout de papier que j'ai accroché au mur et que j'appelle "J'ai souri et je l'ai fait". C'était des personnes fantastiques. »

Le maire, Billy Joe MacLean, et le chef du service d'incendie, George Fox

Le 10 mai 1980
Jour 29
Port Hawkesbury (Nouvelle-Écosse)

C'est impossible

Quelqu'un a dit que ce n'était pas possible
Mais il a répondu avec un petit rire
Que « peut-être cela ne l'était pas », mais qu'il serait celui
Qui ne voudrait pas le dire avant de l'avoir essayé.
Donc, il s'attela juste au travail avec la trace d'un sourire
Sur son visage. Si jamais il s'inquiétait, il le cachait.
Il commença à chanter quand il aborda la chose
C'était impossible, et il la fit!

Il y en a des milliers à vous dire que cela ne peut pas être fait,
Il y en a des milliers à prophétiser l'échec,
Il y en a des milliers à vous signaler, un par un,
Les dangers qui vous guettent pour vous assaillir.
Mais mettez-vous juste au travail en souriant un peu,
Enlevez votre manteau et allez-y;
Il suffit de commencer à chanter quand vous abordez la chose
Et ce qui était impossible, vous le ferez.

– **Edgar Albert Guest** [traduction]

Le 20 mai 1980
Jour 39
Halifax (Nouvelle-Écosse)

« J'ai rencontré le maire d'Halifax. La station de radio a apporté une aide précieuse. »

« Ça m'énerve qu'on ne recueille pas plus d'argent. Rien n'a été fait nulle part pour récolter de l'argent. »

« J'ai pris la parole et je n'ai pas pu m'empêcher de pleurer quand j'ai dit à quel point Doug devait être courageux pour me comprendre et m'endurer quand je suis fatigué et irritable. »

Les parents de Terry sont venus pour voir leur fils et tenter de réconcilier Terry et Doug.

« On a roulé jusqu'à Springhill où on a rencontré Ron Jefferson qui a fait un travail fantastique pour organiser des choses ici. On a récolté plus de 1 000 $ ici. J'étais de mauvaise humeur malheureusement. J'aurais aimé pouvoir me reposer un peu plus. Tant pis, j'ai couru un autre mille jusqu'à l'hôtel de ville avec un cortège de pompiers et de policiers. Beaucoup de personnes attendaient pour me voir. J'ai pris la parole et ça a bien été. [...] Ken nous a donné quelques bons conseils. Je suis déçu par le résultat de la collecte de fonds, mais je ne suis pas fâché! Je dois travailler plus fort pour me contrôler. »

Le 22 mai 1980
Jour 41
Springhill (Nouvelle-Écosse)

« Les gens ont été super, tout simplement super, partout sur mon passage. Certaines des réceptions qui ont été organisées pour moi étaient vraiment formidables. »

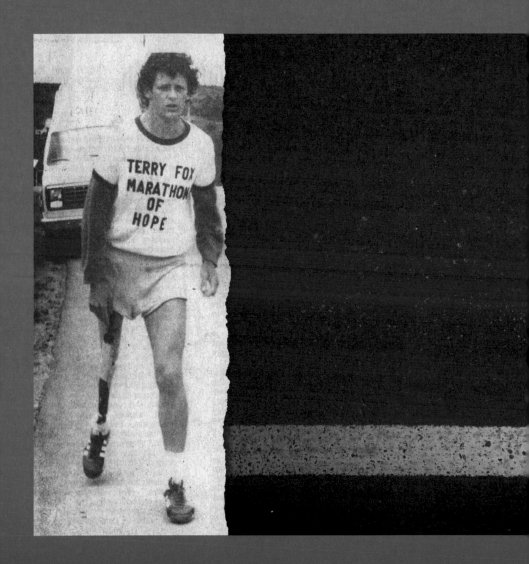

ÎLE-DU-PRINCE-ÉDOUARD

Du 24 au 26 mai
3 jours
74 milles

Distance totale
parcourue : 1 074 milles

Le Marathon de l'espoir
Parcours de l'Île-du-Prince-Édouard

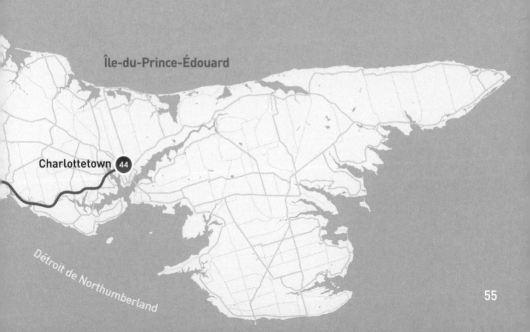

Île-du-Prince-Édouard

Charlottetown 44

Détroit de Northumberland

« Il y avait plein de gens pour m'encourager et m'appuyer. C'est extraordinaire. On a récolté plus de 600 $ sur la route aujourd'hui, notre meilleure performance! »

« Ça a été un accueil exceptionnel fait par une ville et une province formidables. Tout a été organisé par deux hommes remarquables : Jim Ayre et Jim Cox. »

« On gelait encore, mais je ne portais pas de pantalon pour que les gens puissent voir ma jambe. »

« J'ai vraiment aimé l'Île-du-Prince-Édouard. On a été là seulement un peu plus d'une journée, mais ça a été absolument fantastique. C'était sympa d'être sur une si petite île et de pouvoir dire que j'ai traversé une autre province si rapidement. »

NOUVEAU-BRUNSWICK

Du 27 mai au 9 juin
14 jours
406 milles

Distance totale
parcourue : 1 452 milles

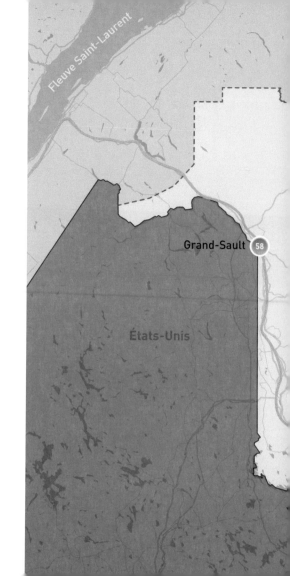

Le Marathon de l'espoir
Parcours du Nouveau-Brunswick

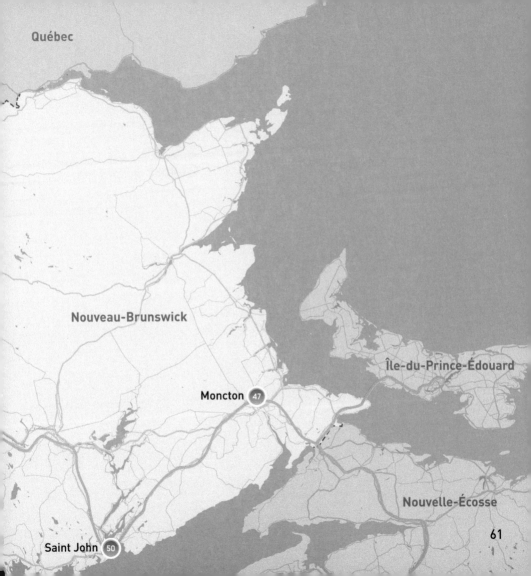

« On a traversé la ville de Moncton, en descendant la rue Main. On a récolté beaucoup d'argent ici. Quand une auto commençait à klaxonner, elles klaxonnaient toutes. C'était vraiment bien. »

Le 28 mai 1980
Jour 47
Moncton (Nouveau-Brunswick)

« Bill Vigars était là quand on s'est réveillés. Il avait organisé des entrevues. C'est un très bon gars. »

« Ça m'a beaucoup réchauffé le cœur de voir Darrell. J'avais les larmes aux yeux quand on s'est embrassés. Ça m'a fait accélérer un peu. »

Au Nouveau-Brunswick, le frère cadet de Terry, Darrell, se joint à l'équipée. Bill Vigars, de la Société canadienne du cancer, fait une visite en vue de préparer la campagne ontarienne.

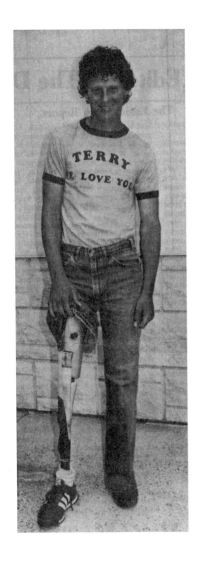

« Les Jaycees ont fait un travail fantastique. Toute la ville était là pour me saluer. J'ai pris la parole. Ils m'ont suivi à l'extérieur de la ville jusqu'à ce que j'aie franchi mes 8 derniers milles. Un soutien extraordinaire. La collecte de fonds a été bonne aussi. »

« Le Nouveau-Brunswick est probablement la plus belle province que j'ai vue jusqu'ici [...] et les gens ici sont incroyablement aimables. »

« J'ai vraiment aimé les plus petites villes du Nouveau-Brunswick. Les gens y étaient vraiment gentils et d'un grand soutien. »

QUÉBEC

Du 10 au 27 juin
18 jours
398 milles

Distance totale
parcourue : 1 850 milles

Le Marathon de l'espoir
Parcours du Québec

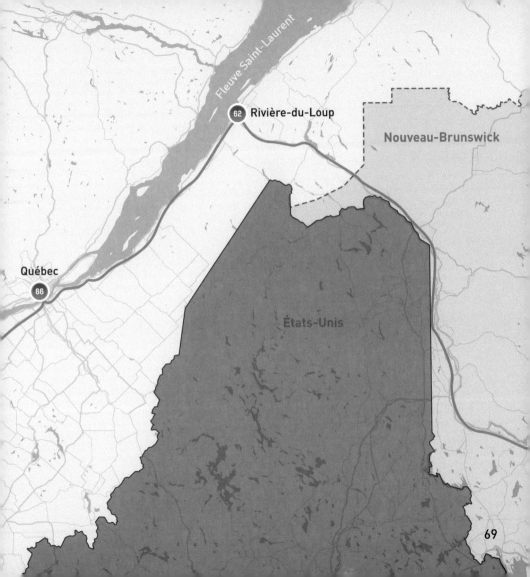

Fleuve Saint-Laurent

62 Rivière-du-Loup

Nouveau-Brunswick

Québec

66

États-Unis

69

« On est allés au Holiday Inn de Sainte-Foy. On a été chaudement accueillis par la presse et les gens. On dirait qu'ils vont organiser quelque chose pour le reste de la route au Québec. »

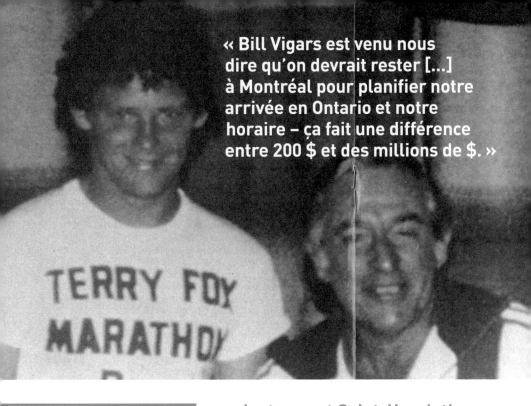

« Bill Vigars est venu nous dire qu'on devrait rester [...] à Montréal pour planifier notre arrivée en Ontario et notre horaire – ça fait une différence entre 200 $ et des millions de $. »

Le 21 juin 1980
Jour 71
Saint-Hyacinthe (Québec)

« Juste avant Saint-Hyacinthe, j'ai pris une bonne douche et un repas. On a rencontré Gérard Coté qui a gagné 4 fois le Marathon de Boston. C'est un grand honneur! »

« Avec d'autres coureurs, puis ensuite avec Don Sweet et des gars en fauteuil roulant, j'ai couru jusqu'à l'hôtel Four Seasons sur la rue Sherbrooke. On a eu un accueil chaleureux ici et il y avait plein de médias. »

Le 22 juin 1980
Jour 72
Montréal (Québec)

« J'ai pris congé aujourd'hui parce que j'ai le temps d'arriver en Ontario. »

« Ce n'est pas qu'ils ne sont pas aimables ici. C'est seulement qu'ils ne savent pas ce que je fais. Les gens passent et s'arrêtent pour demander si je veux monter. »

« Vous savez, n'importe qui peut avoir le cancer. Je traverse le Canada et le Québec est une province du Canada. [...] Avec moi, ce n'est pas quelque chose de politique ou de racial. Je suis seulement un être humain et le cancer peut frapper n'importe qui et je cherche à aider tout le monde avec ma course. »

ONTARIO

**De 28 juin
au 1er septembre
66 jours
1 489 milles**

**Distance totale
parcourue : 3 339 milles**

Le Marathon de l'espoir
Parcours de l'Ontario

Ontario

Québec

Sudbury 115

Hawkesbury 78

Ottawa 81

Gravenhurst 108

Lac Huron

Toronto 91

Lac Ontario

London 97

États-Unis

Lac Érié

« Je me suis reposé avant de traverser le pont qui mène à Hawkesbury à 12 h 30. Nous avons reçu un accueil très chaleureux. Un grand nombre de personnes m'ont salué et j'ai pris la parole. »

Le 28 juin 1980
Jour 78
Hawkesbury (Ontario)

« J'ai couru en compagnie de policiers et d'autres personnes jusqu'à la maison du gouverneur général et j'ai rencontré M. Schreyer et sa femme. Après ça, j'ai couru jusqu'au centre piétonnier de la rue Sparks où j'ai eu un accueil absolument incroyable! Ça fait très chaud au cœur! Ça m'a donné des ailes. J'ai fait 5 milles de plus, toujours avec une escorte policière et un soutien incroyable des gens. Ça a été le meilleur accueil jusqu'à maintenant. »

81

« Je suis allé au match de football Ottawa-Saskatoon où j'ai donné le coup d'envoi et j'ai reçu une ovation. »

« J'ai moi-même eu du mal à croire à cette ovation du match de la LCF. Ça m'a donné l'impression que les gens accordent vraiment de l'importance à ce que je fais et qu'ils croient que ça en vaut la peine. »

Le 1er juillet 1980
Jour 81
Ottawa (Ontario)

« J'ai rencontré M. Trudeau. C'est un homme très gentil et ça a été un honneur. Malheureusement, il est très occupé et il n'a pas pu courir avec moi. »

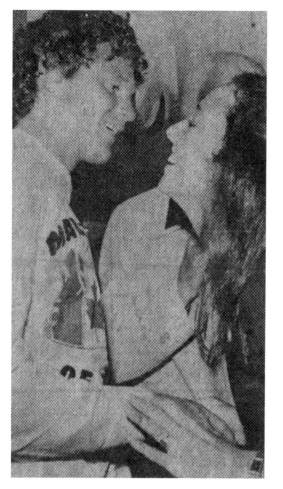

« J'ai traversé tout Oshawa. J'ai eu un accueil merveilleux. Sensationnel. Des gens se tenaient le long des rues pendant tout le parcours. Ensuite, j'ai eu un bel accueil au centre commercial avec une fanfare. Il n'y avait jamais rien eu comme ça avant. »

« Vous êtes une inspiration incroyable pour moi. Vous n'avez pas idée de ce que vous avez fait pour moi. Merci. »

« J'ai rencontré mes parents et Judy au bout de 3 milles; une belle surprise! »

« Je ne m'attendais pas à les voir avant d'arriver à London! »

« Ma famille est ici, qu'elle soit ou non avec moi. [...] Quand tu cours toute la journée, tu ne penses pas vraiment à voir des gens. Tu es dans un autre état d'esprit et si tu penses à te reposer et à avoir du plaisir, ça rend la course encore plus difficile. »

Le 10 juillet 1980
Jour 90
Whitby (Ontario)

« Je suis allé à une réception très émouvante à Scarborough, où j'ai fait mon meilleur discours. »

87

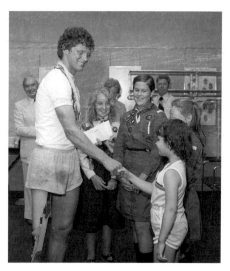

« Une jolie fille atteinte du cancer m'a donné une rose et ça m'a fait craquer. »

« J'ai déjà dit que je vais faire de mon mieux pour y arriver, que je ne vais pas renoncer, et c'est vrai. Mais il est possible que je n'y arrive pas. Si c'est le cas, le Marathon de l'espoir devra se poursuivre. »

« J'ai couru jusqu'au carré Nathan Phillips. Des milliers de personnes m'ont salué. Ils étaient 10 000 selon les estimations! »

Le 11 juillet 1980
Jour 91
Toronto (Ontario)

« C'est irréel, magnifique – rien de mieux n'a été fait. »

« Nous sommes allés dans ma chambre où j'ai rencontré Fred – une vraie surprise – puis Darryl Sittler, un grand homme. »

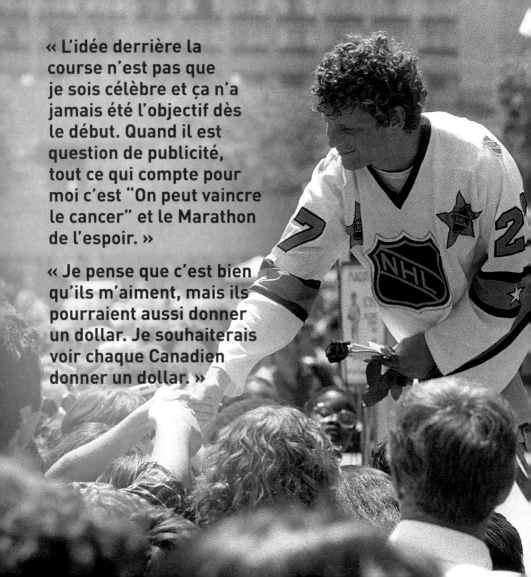

« L'idée derrière la course n'est pas que je sois célèbre et ça n'a jamais été l'objectif dès le début. Quand il est question de publicité, tout ce qui compte pour moi c'est "On peut vaincre le cancer" et le Marathon de l'espoir. »

« Je pense que c'est bien qu'ils m'aiment, mais ils pourraient aussi donner un dollar. Je souhaiterais voir chaque Canadien donner un dollar. »

« Une femme a emmené son petit garçon pour qu'il me rencontre. Elle m'a dit qu'il avait un cancer. Elle m'a dit de continuer, que je faisais quelque chose de bien pour son fils. »

« Greg Scott est une source d'inspiration pour moi. Je n'oublierai jamais cette rencontre. »

Le 14 juillet 1980
Jour 94
Hamilton (Ontario)

« Je me suis rendu jusqu'à Woodstock où tous ses habitants étaient là pour m'accueillir. Avec Ron Calhoun, on a roulé jusqu'à Thamesford pour une réception, on est revenus à Woodstock pour un souper, et on est retournés à Thamesford pour dormir chez Ron. »

« On a roulé jusqu'à London où j'ai couru 4 milles dans la ville pour me rendre à une réception dans un parc. C'était vraiment bien, les gens étaient dehors tout le long du trajet, les routes étaient remplies de monde et ils étaient des milliers au parc. Tony Coutinho a couru le dernier mille avec moi. »

Le 17 juillet 1980
Jour 97
London (Ontario)

« Ça a été une journée difficile aujourd'hui parce que j'ai eu beaucoup d'interruptions. »

« On est retournés à St. Marys pour une belle réception et tous les habitants de la ville étaient dehors. »

95

« La journée a été courte aujourd'hui à cause d'une belle réception avec des dirigeants de compagnies à Toronto. J'ai laissé une bonne impression et j'ai fait l'un de mes meilleurs discours. Ensuite, on a rencontré Bobby Orr et on a soupé avec lui; ça a été le clou du voyage. C'est un homme très gentil. »

« Bobby, tu étais le meilleur joueur de hockey au monde; si ça pouvait te permettre de rejouer, je t'offrirais avec plaisir mon bon genou et je trouverais tout de même le moyen de me rendre à Vancouver. »

Le 23 juillet 1980
Jour 103
Toronto (Ontario)

« Ça a été une bonne journée aujourd'hui! On est allés au Holiday Inn pour mon anniversaire et on a fait une bataille de gâteau. »

« Vous m'avez vraiment offert quelque chose de différent. J'ai eu droit à de nombreuses réceptions, mais je n'arrive pas à y croire. Je n'oublierai jamais cet anniversaire. »

« Je suis allé à la prison de Beaver Creek pour une réception et il y a eu une fête formidable à Gravenhurst. Le Civic Center était rempli et il y avait un groupe de musiciens et tout le monde a chanté Bonne fête. Un plaisir total! »

Le 28 juillet 1980
Jour 108
Gravenhurst (Ontario)

« J'ai été harcelé toute la journée par les médias qui s'inquiètent de mon moignon parce que Cliff Chadderton a dit que je me blesse. Tout le monde est inquiet, même Leslie est venue s'assurer que j'étais OK. »

« Si vous lisez dans les journaux que Terry Fox est fatigué, qu'il est complètement découragé et qu'il est fini, n'en croyez rien. Je n'abandonnerai pas. »

« J'ai vu des gens souffrir le martyre. Mon petit mal n'est rien. Ils ne peuvent pas l'arrêter, et je ne peux pas m'arrêter chaque fois que je ressens une petite douleur. »

Le 30 juillet 1980
Jour 110
Bala (Ontario)

Le 31 juillet 1980
Jour 111
Parry Sound (Ontario)

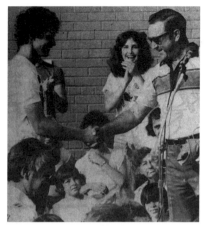

« C'était bon de courir jusqu'ici. On a rencontré le père de Bobby Orr et il m'a donné le chandail de la Coupe du Canada de Bobby, c'est fantastique. C'est le plus beau cadeau que j'ai reçu de toute ma vie. »

Le 2 août 1980
Jour 113
French River
(Ontario)

« Je trouve que les enfants de Bill me permettent de me détendre quand je ne cours pas. »

« Il n'y a aucune raison pour que je m'arrête. Peu importe la douleur que j'endure, ce n'est rien en comparaison de la souffrance de ceux qui ont le cancer et de ceux qui subissent des traitements, souvent avec peu ou aucun espoir de guérison. »

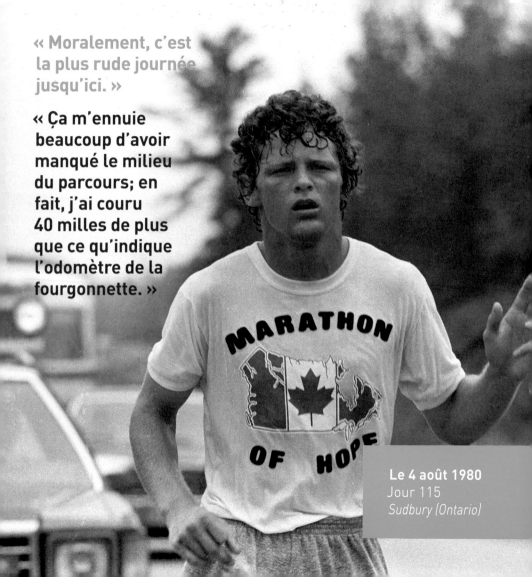

« Moralement, c'est la plus rude journée jusqu'ici. »

« Ça m'ennuie beaucoup d'avoir manqué le milieu du parcours; en fait, j'ai couru 40 milles de plus que ce qu'indique l'odomètre de la fourgonnette. »

Le 4 août 1980
Jour 115
Sudbury (Ontario)

« Ma cheville est enflée et douloureuse. Ça m'inquiète. »

Le 20 août

« Ma cheville m'a fait beaucoup souffrir cet après-midi. Elle est plus enflée. Je commence à m'inquiéter. D'une certaine façon, je pense que ça va passer tout seul! »

Le 21 août

« Aujourd'hui, l'état de ma cheville a empiré. Au bout de 17 milles, je n'en pouvais plus. Je suis inquiet, fâché, désespéré. Tout est peut-être fini! »

Le 22 août

« J'ai appris que j'ai une tendinite et que je devrais être capable de recommencer lundi. »

Le 23 août

« Aujourd'hui, on a dormi et j'ai encore reposé ma cheville. »

Le 24 août

« Aujourd'hui, ma cheville était sensible et douloureuse, mais rien de comparable. Merci mon Dieu que ce ne soit pas une fracture causée par la fatigue! »

Le 25 août

Jours 131 à 136
Près de Marathon (Ontario)

Le 23 août 1980
Terry et l'agent Reg Essa, de la Police provinciale de l'Ontario, à l'aéroport de Marathon, en Ontario. Terry s'est rendu en avion à Sault Ste. Marie pour y passer une radiographie de la cheville.

« Ça a été une bonne journée aujourd'hui. Greg et ses parents sont venus. J'ai couru dans un lac avec Greg et les autres ensuite. C'était amusant. »

« Voilà pourquoi je fais ça. Les enfants comme lui ne devraient pas avoir à vivre ce genre de chose. »

Le 26 août 1980
Jour 137
Jackfish Lake (Ontario)

« Greg a roulé en bicyclette derrière moi pendant environ 6 milles et ça a probablement été le moment le plus inspirant de toute ma course! Les 13 premiers milles ont été difficiles, mais j'ai réussi! Le soir, on a eu droit à une belle réception à Terrace Bay. J'ai parlé de Greg et je n'ai pas pu cacher mon émotion! »

« J'aimerais qu'il soit avec moi tout le temps, pour le reste du parcours. »

Le 27 août 1980
Jour 138
Terrace Bay (Ontario)

106

« En Ontario, la réaction et la gentillesse de toute la population ont vraiment été incroyables. »

« J'ai couru, 13 milles je pense, le matin; je me sentais bien, je me sentais vraiment bien. J'ai eu une bonne course matinale. Il ne pleuvait pas, mais c'était nuageux. »

« Puis j'ai dormi quelques heures; je suis sorti et je suis retourné où je m'étais arrêté. »

« À ce moment-là, il y avait plein de monde, des tas de gens, sur le bord de la route à m'attendre. »

« À ce moment-là, j'imagine que j'avais fait à peu près 18 milles, je suis sorti et j'ai commencé à courir; je me sentais encore plutôt bien.

Je pense qu'il commençait à y avoir un peu de bruine. Les gens m'ont acclamé tout le long de la route, pendant les 8 milles que j'ai courus l'après-midi. »

« Au bout de mon 5e mille, j'ai commencé à tousser et je suis monté dans la fourgonnette; je me suis allongé et j'ai bu quelque chose, j'ai pris une petite pause. J'ai commencé à tousser puis tout à coup à tousser vraiment, vraiment fort; puis j'ai ressenti une douleur dans mon cou qui s'est propagée dans ma poitrine. »

« Je ne savais pas quoi faire, mais je suis sorti et j'ai couru parce que c'était la seule chose à faire. »

« J'avais cette douleur dans la poitrine pendant que je courais et j'ai commencé à réfléchir. Je me suis dit : "tu sais, il y a quelque chose qui ne va pas. Ça pourrait être mon dernier mille". J'ai couru ce mille puis je suis remonté dans la fourgonnette et j'ai dit à Doug : "amène-moi à l'hôpital; il faut que j'y aille et ce n'est pas ma cheville, ce n'est pas mon pied." »

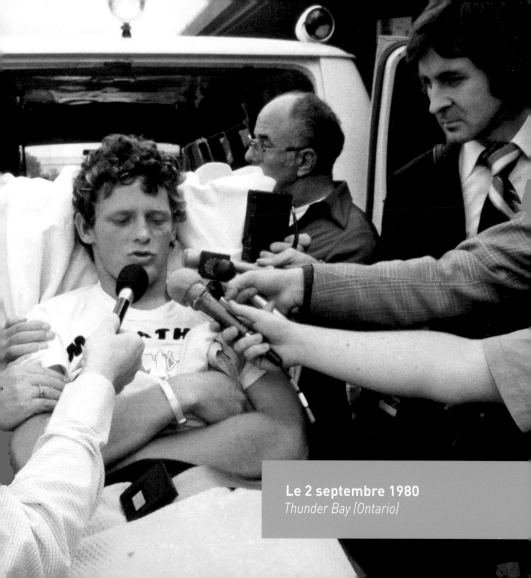

Le 2 septembre 1980
Thunder Bay (Ontario)

APRÈS LA COURSE

« Au départ, j'ai eu un cancer au genou, il y a 3½ ans et [...] le cancer s'est propagé. Et maintenant, j'ai un cancer des poumons. Je dois rentrer chez moi et essayer d'autres traitements. Mais tout ce que je peux dire, c'est que si je peux reprendre ma course et la terminer, je le ferai. »

Le 28 juin 1981

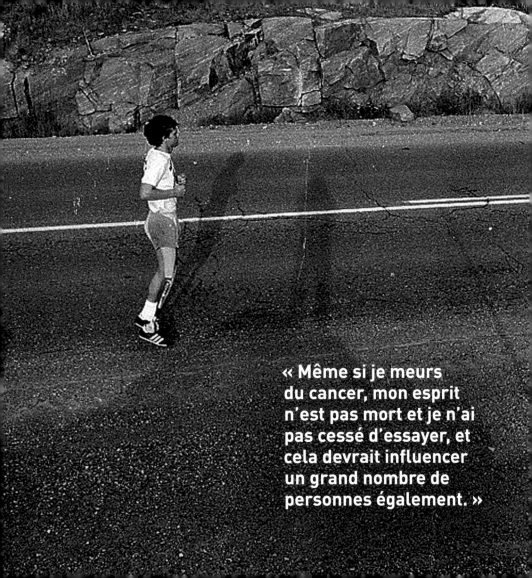

« Même si je meurs du cancer, mon esprit n'est pas mort et je n'ai pas cessé d'essayer, et cela devrait influencer un grand nombre de personnes également. »

REMERCIEMENTS

Ce catalogue est publié à l'occasion de la présentation de l'exposition **Terry Fox – Courir au cœur du Canada** au Musée canadien de l'histoire, du 1er avril 2015 au 24 janvier 2016. L'exposition est organisée en collaboration avec le Centre Terry Fox pour souligner le 35e anniversaire du Marathon de l'espoir.

Équipe d'exposition

Conservateur :
Sheldon Posen

Spécialiste du développement créatif :
Claire Champ

Associée de recherche :
Erin Gurski

Scénographes :
Marie-Claude Baillargeon, Chantal Baril

Spécialiste des médias, Son et éclairage :
Dave Deevey

Graphistes :
Visou Design, Stéphane Breton

Chargés de projets :
Jean-Luc Desjardins, Yves Poirier

Assistants à la recherche :
Nathalie Wright, Nellie James, Ivan Jozepovic

Remerciements particuliers

Darrell Fox, Judith Fox, Fred Fox; Doug Alward; Bill Vigars; Ron Calhoun; Leslie Scrivener; Gail Harvey; Isadore Sharp; Marnie Burnham, Gillian Pedwell, Caitlin Webster, Bibliothèque et Archives Canada, Burnaby (C.-B.); Allison Mailer, BC Sports Hall of Fame; Centre Terry Fox; Fondation Terry Fox; Institut de recherche Terry Fox.

L'EXPOSITION

L'exposition **Terry Fox – Courir au cœur du Canada** rassemble une importante collection de souvenirs et de documents audiovisuels reliée à l'une des personnalités de l'histoire moderne du Canada les plus aimées et les plus importantes sur le plan culturel. L'exposition invite d'abord les visiteurs à revivre le Marathon de l'espoir entrepris par Terry Fox et à ressentir l'influence marquante que ce jeune homme a exercée sur le Canada et les Canadiens lors de ce périple de 143 jours visant à recueillir des fonds pour la recherche sur le cancer. L'exposition leur donne ensuite l'occasion de découvrir l'héritage laissé par Terry Fox.

Parmi les artefacts exposés figurent notamment un journal écrit de sa main, ainsi que sa prothèse, des t-shirts à l'effigie du Marathon, ses chaussures de course ainsi que d'autres objets provenant de son équipement. En outre, les visiteurs ont la possibilité de lire la version numérisée de milliers de cartes et de lettres qui ont été envoyées à Terry. Ils peuvent ainsi constater à quel point l'histoire de Terry Fox est devenue partie intégrante du paysage physique du Canada, de la culture populaire du pays, mais aussi de l'identité des Canadiens.

Source des photos